은하 또 은하

미음이아기 지지왕국

마음에게 지지않는 하루 또 하루

초판 1쇄 발행 2025년 9월 12일

지은이 이영순
펴낸이 장현수
펴낸곳 메이킹북스
출판등록 제 2019-000010호

디자인 홍규선
편집 홍규선
교정 안지은
마케팅 김소형

주소 서울특별시 구로구 경인로 661, 핀포인트타워 912-914호
전화 02-2135-5086
팩스 02-2135-5087
이메일 making_books@naver.com
홈페이지 www.makingbooks.co.kr

ISBN 979-11-6791-754-6(03810)
값 13,500원

ⓒ 이영순 2025 Printed in Korea

잘못된 책은 구입하신 곳에서 바꾸어 드립니다.
이 책의 전부 또는 일부 내용을 재사용하려면 사전에 저작권자와 펴낸곳의 동의를 받아야 합니다.

홈페이지 바로가기

메이킹북스는 저자님의 소중한 투고 원고를 기다립니다.
출간에 대한 관심이 있으신 분은 making_books@naver.com로 보내 주세요.

마음에게 지지않는

하
루
또
하
루

이영순

메이킹북스

누구나 나눌 수 있는 평범한 일상을 글로 옮겨 놓은 것뿐,
누구나 용기내어 보기를 바라는 마음에서 이 글을 폅니다.

목차

#친구 & 여행

친구 1	11	여행 3	17
친구 2	13	여행 4	18
여행 1	14	여행 5	19
여행 2	15	둘만의 여행	20

#마음

의미	22	열등감	34
영혼의 어두운 밤	23	마음의 소리	35
저녁	24	삶	36
밤을 만드신 이유	25	믿음과 의심	37
성숙이와 미숙이	26	기다림이란?	38
겉마음과 속마음	27	"나 이런 거	39
멍 때리기 좋은 날	28	할 줄 아는 사람이야"	
옷차림	29	고난의 이유	40
잘 산다는 것	30	무기력한 평안	41
계절의 변화	31	이별	42
고통과 행복	32	하루 또 하루	43
직면	33	마음에게 지지 않는 하루	44

#우울

가면성 우울	46	가치화	54
우울 1	47	내려놓음	55
우울 2	48	눈물	56
우울 3	49	공허	57
괜찮은 척	50	생각과 감각	58
그냥 안아 주기	51	들어줄 수 있겠니?	59
소극적 수용력	52	나만의 동굴	60
주인의식	53		

#관계

솔직함과 미숙함의 차이	62	겸손	74
거리두기	64	영향력	75
미련한 사람	65	강점과 약점	76
뒤통수	66	반전매력	77
감정의 찌꺼기	67	네 가지 겸손	78
자식	68	결핍	79
고독 1	69	꽃의 위력	80
고독 2	70	무용지용	81
노력과 집착	71	최고가 아니라 최선	82
미운 오리 새끼	72	공존	83
정직한 성장	73		

#사랑

수국	86	사랑의 힘	93
인내	87	사랑은 동사	94
인연	88	영혼 사랑	95
이 시대	89	찐사랑	96
통通	90	서로서로	97
그리움	91	사랑할 수 있다는 것	98
사랑과 증오	92		

#인생

꿈Vison	100	무소유	111
명품 인생	101	네 단계 인생	112
별	102	숙면과 영면	113
무용지물	103	인생의 서정	114
고스톱	104	엄마의 장례식	115
유한한 삶	105	죽어 있는 관계와	116
근사함	106	살아 있는 관계	
꽃길	107	새로운 길	117
어떤 인생?	108	속도보다 방향	118
인생 조언	109	정답正答과 해답解答	119
비움과 채움	110		

#갱년기

갱년기메노포스, Menopause 1	121	여름비	127
갱년기메노포스, Menopause 2	122	위로가 되는 사람	128
갱년기메노포스, Menopause 3	124	러빙유	129
갱년기메노포스, Menopause 4	125		

#말

말 1	132	안목	135
말 2	133	상황일지	136
말 3	134	위로의 한마디	137

#신앙

습관	139	절박함	146
작은 세상	140	성령의 사람	147
성공	142	공평하신 하나님	148
영성	143	책임 전가의 또 다른 이름	149
광야	144	'합리화'	
사는 이유	145	비판과 헤아림	150

밧세바 신드롬 1	151	예배와 기도의 목적	158
밧세바 신드롬 2	153	믿음	159
달란트	154	하나님의 가치	160
기독교의 영성	155	정사못 釘 죽을 死	161
기독교와 다른 종교의 차이	156	부활절	162
우상숭배	157	크리스마스	163

#에피소드

엘리베이터 안	165	피해의식	170
충돌	166	주시는 것과 주시지 않는 것	171
닮았네	168	열정	174
베프	169		

#친구 & 여행

친구 1

인생의 불혹에
좋은 친구를 선물처럼 주신 것에 감사하다.
이런 것이 '만남의 축복'이라고 하였던가!

내 삶을 되돌아보니
하나님은 언제나 그때그때마다
숨겨두신 은인 같은 만남이 있었다.
힘든 인생길에 지치지 않게
그들로 위로와 복을 받게 하셨다.

오직 살아갈 이유와 소망이
주님께 있음을 고백하게 하시려고
만나와 메추라기의 공급도 이른 비와 늦은 비처럼
늘 적절하게 내려주셨다.
되돌아보니
하나님의 은혜가 아닌 것이 단 하나도 없었음을 고백해본다.

주시는 만큼…
허락하시는 만큼…
주어진 만큼…
살아가면서 되어져 가는 것을

지천명이 되어서 조금씩 깨닫게 된다.
그래서 50세를 일컬어
하늘의 뜻을 아는 나이라고 하였던가!
젊어서는 알량한 자존심이 먼저였고
나의 노력이 필요 이상으로 먼저였고
보이는 것이 먼저였고
그런 나의 마음을 변화시켰다.

세월의 흔적 속에 퇴색되어 가는 나의 자아인지,
관계 속에 부딪힘과 세파 속에
다듬어지는 모습인지 알 수 없지만
얼어붙은 단단한 마음을 깨뜨리고 나오니
거기엔 새싹이 돋고, 생명이 움트고 있었음을
이제야 알게 되었다.

조금만 더 일찍 깨우쳤었더라도
나의 삶도
너의 삶도
우리 모두의 삶도
다 편했을 것을…

친구 2

자몽을 좋아하는 나에게
자몽이 보이기 시작하는 계절이 오면
자몽을 보내 주는 친구가 있어서 좋다.
며칠 전, 몇 년 만에 한 번 다녀간 것이
그리도 좋았는지 이야기하고 또 이야기한다.
고맙다고….

가끔 얼굴이라도 비쳐 주고
한 끼의 식사와 한잔의 차를 나누는 것이
이리도 행복인 것을 바쁘다는 핑계로
미루고 살아왔나 보다.

사랑하는 친구가 오래도록
건강하고 행복하게 살았으면 좋겠다.
아낌없이 주는 나무처럼 늘 베푸는 친구…
계산하지 않고 계산할 줄 모르는 친구…
그런 친구가 있어서 좋다.

오늘도 삶을 살아 내서 감사하고
내일도 살아가야 할 너의 삶도 나의 삶도
기대해 본다.

#친구 & 여행

여행 1

오랜만에 전철을 타고 천안에 온다.
10년 전의 모습이 새록새록 기억 난다.

은혜도 있고, 고통도 있고, 친구도 있고,
젊음도 있었던 나의 한 시절.
슬픔과 기쁨, 아픔과 감사를 함께 나눴던 친구와
때가 되니 여행도 떠나본다.

이런 날들이 오다니, 감회가 새롭다.
마음이 착하고, 마음이 아파서
삶의 의욕이 없었던 나의 벗.
고통스러운 삶 속에서도 악착같이
열정을 뻗쳤던 나.

그 후… 10년 만에 여행을 간다.
전혀 상상할 수 없었던 일이
세월이 흐르니 현실로 다가왔다.
세월의 흐름 따라 나의 벗도 변해간다.
단단해졌다.
더 단단해지고, 멋져질 것이다.
우리는 또 인생을 배워가고 있다.

여행 2

친구와 여행을 떠났다.
기대와 설렘,
그리고
아픔을 동반한 여행이었다.
함께라서 너무 좋았고,
함께라서 너무 행복했던 시간들.
이 시간들 속에
우리의 인생은 한층 깊어지고,
아롱진 추억은 쌓이며,
한숨은 돌리고,
"이 또한 지나가리라"는 마음을 새긴다.
세월이 지나야 아픔의 흔적도,
인생의 희로애락도 퇴색되어 가겠지.
피해자로서의 고통,
가해자로서의 아픔을
공유하고 공감할 수 있었기에
또 다른 의미가 있는 여행이었으리라.
그러나 우리는 결단하고 마음을 새롭게 다잡았다.
오지랖을 없애기로!
나 자신을 좀 더 바라보고, 보듬어주고,
타인보다 나 자신에게 집중하기로.

#친구 & 여행

오늘도 힘내자!
내일도 힘내자!
친구와 엄마를 함께 볼 수 있어서
너무 고맙고 또 고마웠다.
기회가 되면 잊지 않고,
넘치도록 갚아주고 싶다.

여행 3

친구의 글로
오늘 커피 한잔을 마셨다.
함께하면 소소한 일상도
의미가 쌓여가는 귀한 인연
고마움, 감사, 행복이라는
디딤돌을 나의 인생에
하나씩 놓아준다.

잘 건너갈 수 있으리라 믿어지고
두려움도 사라진다.
물 속으로 뛰어들어
"이 돌이 좋겠는데" 하고
다리를 놓아주고는
"이제 건너가 봐, 두려워하지 말고"
말을 건넨다.
폭풍우를 몰고 다녀온 듯한 시간들
다 사그라들어 간다.

여행 4

청명한 하늘로 답을 주시는
하늘과 공기와 종남산의
변함없는 아름다움 앞에
모든 것이 은혜임에
숙연해지는 시간.
숙소의 업그레이드 덕분에
기분까지 업그레이드되고
지켜보시고 예비해 놓으시며
함께하고 계심을 알게 하신다.
잠시 시간이 멈춘 듯한
공간에서 진실한 쉼을 얻고,
그곳에 있는
모든 것으로부터 에너지를
얻어가게 하시는 섬세한
손길이 느껴진다.

여행 5

생명도 사랑
인생도 사랑
죽음도 사랑
모든 것이 사랑이라고
함께해 주심이
함께 여행함이
함께 이야기할 수 있음이
함께 바라봄이
함께 해 주고 싶은 선물이
함께 살리고 싶은 오지랖이
함께 잘 살아가고 싶은 마음이
함께 기도해 주는 시간이
함께 오고 가는 잔소리도
함께 말해주고 싶은 관심도
다 '사랑'이라고
답을 주고 계신다.

둘만의 여행

오롯이
서로의 지나온 흔적들을
나눌 수 있는 오붓한 시간
자연의 경관은 덤으로 주신 선물
깨끗한 공기와
바람과
나무와
꽃들과
하늘과
비와
안개와
소통하는 여정 속에 아롱져가는 우리들…
여전히 답을 몰라 헤매는 우리들 인생의 가을
그 속에서 찾아가는 해답
그 답이 정답일 수도,
아닐 수도 있음을….
일단은 적어보자.

#마음

의미

사람들은 저마다 느끼는 가치가 다르다.
누군가에게는 하찮고 쓸데없어 보이는,
'그게 뭐 그리 중요한가' 싶은
아주 소소한 것들이,

누군가에게는 작은 희망이자 살아가는
유일한 이유가 되고, 일상에 생기를 불어 넣어주는
무언가가 되기도 한다.

그것은 좋았든, 좋지 않았든
지나온 나의 발자취가 되어 버린 추억들이다.
지나간 것은 지나간 대로
그 모든 순간이 의미가 되었다.
또 다가올 미래도
살아가야 할 현실도
이 모든 순간들이 의미가 되기 시작한다.
그래서
그 누구에게 의미 있는 존재가 되고 싶은 소망을 노래한
김춘수의 '꽃'이라는 시를 나는 좋아한다.

영혼의 어두운 밤

영혼의 어두운 밤을 걷고 있는 내 심령은
시지프스의 무거운 형벌을 받고 있는 듯,
끝이 없는 공허와 암담함뿐이다.
때로는 무섭기도….
어두운 장막으로 닫아 버리고 싶은 순간마다
나를 붙잡아 주는 것은
나를 살게 하는 지독한 현실이자 동료들이다.
그 동료들 때문에 때론 상처받고 힘들지만
그럼에도 불구하고
함께 헤쳐 나가야 할 이들 때문에
내면에 쳐 놓은 어두운 장막을 걷어내고
현실의 빛으로 발을 옮겨보기도 한다.
그래서
하루, 또 하루가 이어진다.
밤은 또 오지만
그 밤을 두려워하지 않아도 되는 것은
또다시
아침 해가 뜨기 때문인 것처럼.

#마음

저녁

모두가 퇴근한 저녁시간
홀로 또 홀로
익숙하기도 하고
좀 쓸쓸하기도 하고
주님이 동행해 주시니 좋기도 하고
해야 할 일은 밀려오고
밀려오는 태풍 속에
소용돌이 치는 현실
견뎌내야 했던 고단한 하루
어떻게 감정을 처리하고 정리해야 할지….
주님, 지혜를 주소서.

밤을 만드신 이유

밤은 바다와 같다.
하루의 더럽고 추악한 우리의 일상을
모든 어둠 속으로 묻어버린다.

그리고
새 아침을 열어주신다.
어제의
추악함과
더러움과
불의와
불경건함을
어둠 속에 다 묻어버리고
다시 새로운 하루를 선물해준다.
또다시 새롭게 시작하라고…

#마음

성숙이와 미숙이

성숙이는
자기 안의 미숙이를 꼭 끌어안고
미숙이를 수치스러워 하지 않는다.
성숙이는
자기 안의 미숙이를
버리는 것이 아니라 그대로 안아준다.
사랑으로 돌볼 수 있는 마음이 성숙이다.

우리는
삶 속에서 닥치는 문제 때문에
고통받는 것이 아니라
해석 때문에 더 많이 고통을 받는다.
같은 문제라도
성숙이로 바라보느냐,
미숙이로 바라보느냐에
따라서 인생이 달라진다.

겉마음과 속마음

겉마음이
지나간 과거를 잊어야지 하면서
자꾸자꾸 미련을 갖는 건
행복했던 순간들마저 묻혀질까 봐
두려워하는 속마음이다.

삶의 흔적들이 다 무너져내려
아무것도 기억하지 못하는 망상이 될까 봐
두려운 것이다.

나를 괴롭혔던 지긋지긋했던 감정들이
기억 속에서 싸그리 사라져버렸으면 하는
괴로운 감정도,
기억하고 싶은 추억 때문에
보내주지 못하고
주저하고 있는 것이다.

멍 때리기 좋은 날

비 오는 날 빗방울에 시선 고정
비 갠 뒤에 새어 나오는 흙 냄새
따듯한 커피 한잔에 피어 오르는 향기
이불 속 포근함
창밖 감상…

바로 오늘이야.

옷차림

잘 차려입고 한껏 멋을 부리고
치장을 하면 어김없이 예쁜단다.
옷은 나를 위해 입는 것이 아니라
남을 위해 입는 것이다.
옷은 사회 속의 언어라고도 한다.
역할에 맞는 옷을 입어야
어떤 역할자인지를 아는 것이다.
옷을 잘 입는 것은
미소를 잘 짓는 것과도 같다고 한다.
젊음은 그 자체로 장식이 훌륭하기 때문에
그다지 신경을 쓰지 않아도 되지만
나이를 인식하는 순간부터
옷을 잘 차려입는 습관은
나를 더 잘 지켜가는 것이다.
오늘도 가장 나답게 살기 위해 옷차림에
신경을 쓴다.

잘 산다는 것

자본주의 사회를 살아가는 우리는
재력을 가진 사람을 잘사는 사람이라고 한다.
그러나
재력만 있는 사람을 부자라고 한다.
가진 것이 많아도 베풀지 못하면
잘 사는 것이 아니다.
가진 것이 많지 않아도 베풀며
나눌 줄 아는 마음이 잘 사는 것이다.
가진 것이 많아서 베풀고 나누는 삶은
더할 나위 없이 잘 사는 것이다.
정말 잘 사는 것은
내가 가지고 있는 것으로
이웃을 내 몸처럼 사랑하는 것이다.

부자인가? 잘 사는 사람인가?

계절의 변화

봄이 왔다.
계절의 변화를 안다는 것은 건강한 마음이다.
마음이 아파서 계절이 오는지 가는지
느끼지 못하고 사는 사람도 많다.
어두운 마음의 암막 커튼을 걷어버리고
나와보면 봄의 꽃들도 파아란 구름도
감상할 수 있다.
봄비의 희망도 손을 뻗어 느낄 수 있다.

행복한 계절
새로운 시작과 생명이 움트는
봄이라서 좋고
젊음이 활활 타오르듯 이글거리는 태양이 있는
여름이라서 좋고
곡식과 열매가 익어가는 수확의 기쁨을 누리는
가을이 있어서 좋고
한 해를 정리하며 또 봄을 기다리게 하는
겨울이 있어서 좋다.
계절마다 다르게 만드시고 느낄 수 있게
하신 것은 하나님의 은혜이다.
그리고 우리에게 주신 행복이다.

#마음

고통과 행복

고통과 행복은 언제나 함께 공존한다.
'시간이 약이다'라는 옛말이 있다.
그러나
시간은 시간이고 고통은 고통일 뿐이다.
마음의 고통을 견디는 약은 없다.
그냥 별일 아닌 듯 견디고 버티고 살다 보면
그것이 약이 된다.
시간이 지나가는 것이지,
약이 되어 나를 치료해 주는 것이 아니다.

충분히 아파하고 아픔을 품다 보면
고통을 이해하게 된다.
충분히 아파해야
그 아픔을 극복할 수 있다.
충분히 망가져야
제대로 사는 것에 대한 감사가 생긴다.
고통과 행복은 적이 아니다.
기꺼이 함께해야 하는 가장 가까운 친구이다.

직면

고통은 외면한다고 치유되는 것이 아니다.
끔찍하게 싫지만
그 고통을 마주해야 한다.
고통으로 얼룩진 상처와 직면해야 한다.
내면에서 직면하지 않는 것은
외부에서 반드시 운명처럼 마주친다
마음의 상처를 치료하는 치료제는 없다.
상처 자체를 직면하고 바라봐야 낫는다.
아무도 상처를 치유해 줄 사람은 없다.
어두움으로부터
공허로부터
과거의 상처로부터 벗어나
예수 그리스도로 말미암아
내면의 성전을 견고히 세워야 한다.

열등감

때로는 우월감보다
열등감의 정서가
나을 수도 있다.

열등감은
채워지지 않아서
느끼는 불안한 자아이지만
잘만 사용하면
나를 발전시키는
디딤돌이 되기 때문이다.

마음의 소리

왜 소리가 크게 날까?
마음과 마음이 부딪히며 생기는
작은 알갱이들 때문이다.
알갱이가 곱게 빻아질수록
소리는 나지 않는 법이다.
여전히 내 속에서
소리가 크게 나는 까닭은
부서져야 할 것들이 많기 때문일 것이다.

나의 마음의 소리는 얼마나 큰가?

삶

괴로움에 몸부림치는 것은
오늘도 여전히 살아 있다는 것….
삶은
언제나
지금
이 순간에만 있다.
가장 나답게 살 때 빛이 난다.

믿음과 의심

둘 다
보이지 않는 마음속에서
일으키는 행위.
믿음도 바라는 대로
의심도 바라는 대로 된다.
믿음으로 행복할 것인가?
의심으로 괴로울 것인가?

기다림이란?

상황과 환경과 사람은
변한 것이 없지만
상황과 환경과 사람에게
마음으로
전력 질주하는 것이다.

"나 이런 거 할 줄 아는 사람이야"

50세가 넘어서면 학벌이 필요가 없어진다.
"나 어느 대학 나온 사람이야"라는 허세보다
"나 이런 거 할 줄 아는 사람이야"라는 말이
삶의 질을 높여준다.
다시 반전할 기회를 만들고 싶으면
과거의 허상에 매여 있지 말고
자신만이 할 수 있는 것을 만들어 놓는
삶의 지혜가 필요하다.

고난의 이유

살면서 종종 착각을 한다.
이제는 어떠한 희생이라도 감당할 수
있을 것 같다고…
그런데
또다시
그 상황이 되어보지 않고는 자신할 수 없다.
나약하고 도망가고 싶은 마음과 본성이
내 안에 여전히 도사리고 있기 때문이다.
그 본성을 깨뜨리기 위해 하나님은
어김없이 고난이라는 도구를 사용하고 계신다.

무기력한 평안

아무 일도 일어나지 않고
아무 일도 하고 싶지 않은
무중력 상태.
오늘 하루 이대로 괜찮을까?

이별

그리운 날에도
보고픈 날에도
너와 함께했던 모든 순간들도
가슴에 묻기
그것이 또
살면 살아지는 삶인걸….

하루 또 하루

우리 삶은
지긋지긋하게 싫지만
늘 반복된 패턴 속에 또 스며들고 마는 것 같어.
오늘 하루 또 하루…

마음에게 지지 않는 하루

갱년기라서 그런지 외롭다.
퇴근 후 저녁을 해서 같이 먹을 식구가 없다.
저녁노을의 감상이 그리 달갑지가 않은 하루다.

우연히 밀레의 그림 〈저녁종〉을 보았다.
하루 일을 마무리하고 모든 것이 감사하다고,
농가의 종소리에 맞춰 감사의 기도를 드리는 부부의 모습.

종일 밭에 엎드려 일하던 농사꾼 부부가 아픈
허리를 펴고 두손 모아 감사의 기도를 올린다.

무언가 함께할 수 있다는 것은 그 자체가
감사하고 행복하다는 것을 새삼 깨닫게 한다.
이 시간들 또한 지나가리라.
오늘도 외로운 마음에 지지 않는 하루가 되자.

#우울

가면성 우울

가장 가까운 사람이나 같이 사는 사람도
전혀 눈치챌 수 없을 만큼 가면 속에
우울을 숨겨두는 것을 말한다.
겉보기에는 매우 밝고 에너지가 넘치며
평소와 아무것도 다를 게 없지만
그 속은 심각하게 고갈되어 있다.
나의 내면에도
가면성 우울이 존재하고 있다.
그래서
가끔은 삐에로처럼
연극 같은 삶을 살고 있지는 않는가?

우울 1

우울한 마음이 들면 피하지 말고
가만히 내 마음을 들여다보아라.
우울은 때로는 참 고마운 정서이다.
우울해야 자신을 되돌아볼 수 있는 기회가 된다.
우울감이 있어야 인생의 브레이크를 걸 수 있다.

우울할 때 자신을 들여다보아라.
나에게 생명력이 있는지…
괜찮은 척하면서
속은 썩어 문드러지고 있지는 않은지…

겉모습만 화려하게 키운 가면을 쓰고
여전히 괜찮은 척하고 있지는 않은가?

우울 2

한 번쯤은 미쳐야 제정신이 돌아온다.
내가 꽉 쥐고 있던 행동을 놓고
나라는 존재를 보는 순간 너무 우울해서
잠시 미칠 수도 있다.

그런데 한번은 미쳐야 제정신이 돌아온다.
우리는 무엇이 미친 거고 무엇이 제정신인지도
잘 모르고 살 때가 많다.

한번쯤 망가져 봐야
남에 대한 판단을 함부로 내리지 않는다.
그래야
남의 실수를 자책하지 않고
용서할 수 있는 마음이 생기기 때문이다.

우울 3

남들이 내 성격을 가지고 뭐라고 하는 것은
내 안에 문제가 있기도 하지만,
나를 바라보는 사람들 안에도 존재하는
그 무엇과 부딪히기 때문이다.

누군가에게는 훌륭한 사람이,
다른 누군가에게는 별 볼 일 없는
사람이 되기도 한다.
나라의 최고 권력자도 욕을 먹는 세상이다.
하물며…

괜찮은 척

슬퍼도 괜찮은 척
아파도 괜찮은 척
괴로워도 괜찮은 척
외로워도 괜찮은 척
속상해도 괜찮은 척
힘들어도 괜찮은 척
참아야만 괜찮은 줄 알았다.
그런데 정말 안 괜찮다.
괜찮은 줄 알았는데
병들어서 죽을 지경이다.

그냥 안아 주기

가장 한심한 날에
나를 그냥 안아 주기.
가진 것 없고.
마음은 바닥을 치닫고,
그런 내가 너무 한심해 보일 때,
나를 그냥 안아 주기.

가장 감추고 싶은 나를
그냥 끌어안아 주기.

소극적 수용력

소극적 수용력을
부정적 수용력이라고도 한다.
어떤 것으로도 해결할 수 없고
방법을 도저히 알 수 없을 때
그 상황을 견뎌내는 능력을 말한다.
인생에는 답을 내릴 수 있는 문제보다
답을 내릴 수 없는 문제가 훨씬 더 많다.

소극적 수용력이란
굳이 답을 내리지 않고
그대로 견디는 능력을 말한다.
부정적인 상황을 수용하고
아프면 아파할 수 있고
슬프면 슬퍼하고
버티고 버티는 힘….

이해할 수 없으면 애써 이해하려고
노력하지 않고 그냥 두는 것….

주인의식

고대 중국에서는
복숭아나무 옆에 자두나무를 심었다.
병충해가 자두나무에 집중되어
복숭아나무가 무사히 자랄 수 있기 때문이다.
자두나무는 복숭아나무를 보며
자신도 성장하고 있다는 사실을 깨닫는다.

사는 게 재미없어진 이유는
자신이 주인공이 되지 못하고
주변부로 밀려났기 때문이다.
"사는 게 재미없어"라는 사람들이 있다.
"나이가 들면 다 그런 거야"라고 위로하지만,
나이가 든다고 모두 무미건조하게 사는 것은 아니다.

삶이 무기력한 이유는
인생을 주인공처럼 살지 않고
누군가의 조연으로 살고 있기 때문이 아닐까?

하나님은 사람을 피조물 중 가장 으뜸으로 만드셨다.
그 이유는 주인의식을 가지고 만물을
다스리고 통치하라는 뜻이다.

#우울　53

가치화

나 자신을 가치화하면 흔들리지 않는다.
서로를 가치화하는 것,
나를 가치화하는 것,
그것은 흔들림 없는 안정감을 선사한다.

무엇이 있어서 좋다는 것은
다분히 조건적이기 때문에,
그 좋아함은 언제, 어떻게 변할지 모른다.
그러나
그 존재 자체를 가치롭게 보는 것은
완전히 다르다.

마음이 졸졸 흐르는 시냇물에서
태평양 바다급으로 바뀌는 것처럼,
나 자신을 가치화하는 사람은
남도 그렇게 대한다.

나는 나를 어떻게 가치화할 것인가?

내려놓음

인간이 해결할 수 없는 문제를 만났을 때
나를 더 힘들게 만드는 것은
그 상황을 바꿔보려는 미련한
집착 때문이라고 한다.
이미 내 손을 떠났고
내 능력 밖의 일이라는 것을 받아들일 때
더 이상 문제되지 않는다.
그러나 그리 쉽지는 않다.

그럴 땐 숨을 크게 쉬어라!
그리고 더 큰 세상을 보아라!
하늘 아래 더 큰 지혜가 있다!
아픔을 넘어선 기쁨의 날을 기다리라!
내가 처한 상황이 매우 고통스럽고 괴로워도
그것이 실패가 아니다!
오히려 나를 단단하게 만드는 도구임을 기억하라!

눈물

고인 물은 썩는다.
흐르는 물은 썩지 않는다.
눈물이 마른 영혼은 병든다.
눈물이 흐르는 영혼은 부패하지 않는다.

밤이 주는 유익은
홀로
또 홀로
통곡하며
눈물 흘릴 수 있는 자유이다.

자신의 연약함을 위해 흘리는 눈물
절망을 위해 흘리는 눈물
공의를 위해 흘리는 눈물
영혼을 위해 흘리는 눈물
누군가를 위해 흘리는 눈물이야말로
진정한 눈물이다.

"눈물 흘리며 씨를 뿌리는 자는 기쁨으로 거두리로다."
(시편 126:5)

공허

꿈을 꾼 듯 시간은 흐르고 있다.
긴 꿈을 꾸고 일어난 듯한 사건과 시간 속에
함께여서 행복했던 순간도
감정의 소용돌이 속에서 갈등했던
그날의 흔적들도
순간순간 아랑곳하지 않고
가슴을 후빈다.
되돌아서면
현실이고 아무것도 남지 않은 텅 빈 공허 속에
오늘은 또 무엇으로 채워가야 할까?

변하고 없어질 것에 소망을 두는 것이 아니라,
사라지지 않을 영원한 것에 소망을 두고 살아가는
오늘이 되길….

#우울

생각과 감각

생각이 많은 사람일수록
오늘을 잘 살아내지 못한다.
생각이란 과거에 대한 후회,
미래에 대한 걱정과 염려이기에
생각이 많을수록
오늘이라는 시간을 잘 흘려보내기가 힘들다.
생각이 과거와 미래를 지배하는 것이라면
감각은 온전히 현재를 느끼는 것이다.

오늘 단 하루만이라도
내 생각을 버리고
나를 향한 하나님의 감각으로
헤아려 보는 것은 어떨까?

들어줄 수 있겠니?

사람은 누구나 자기를 존재화하려고
끊임없이 노력한다.
자기를 드러내기 좋아하는 사람은 드러나야
삶의 동력이 나오고 드러내기를 싫어하는 사람은
소심할 뿐 다른 방법으로 알아달라고 아우성이다.
관계 속에서 소극적이든 적극적이든
나를 알려야 건강하다.
그렇지 못해서 병이 든다.

우울이 깊어지면 조울이 된다.
우울할 때 자신을 회복하면 다시 일상으로
회복될 수 있다.
그러나 우울한 기분이 나아지지 않고
지속된다면 문제가 심각해진다.
방치하면, 조울증이 되고,
심해지면 조현병으로 이어진다.

우리의 작은 마음 씀씀이가
회복약이 되어 줄 시간이다.
어두운 마음에 힘겨워하는 영혼에게 찾아가
그들의 서사를 들어주는 용기를 내어보는 건 어떨까?

#우울　59

나만의 동굴

지칠 때마다
좌절할 때마다
거절당했다고 느낄 때마다
찾아 들어가는 나만의 동굴
아무것도 보이지 않는 끝없는 어둠

아직이야?
이제 나가볼까?

#관계

솔직함과 미숙함의 차이

남을 배려하지 않고 자기 속마음에 있는 것들을
다 드러내 놓고 '난 솔직해' '뒤끝 없어'라고
말하는 사람들이 과연 솔직하다고 할 수 있을까?
자기 속에 있는 분을 참지 못하고 내뱉는 것은
미성숙한 인격의 모습이다.

솔직함이란?
하나님께 빼놓지 않고 자기의 죄악을, 더러움을, 연약함을,
아낌없이 쏟아놓고 하나님 앞에 회개하는 마음이다.

간혹,
솔직함과 정직함을 혼돈하는 사람들이 있다.
자기 감정을 속이지 않고
그대로 상대방에게 표현하는 것은
솔직함도 정직함도 아니다.
그저 참지 못하는, 인내심이 부족한
어린아이 같은 미숙함이다.
'난 솔직해', '난 정직해'라고 말하는
사람들을 보면 모순이 있다.
자기 기준에서 정직함이다.
자기 기준에서

조금이라도 어긋나고 벗어나면
본인 기준에 맞추려고
고집스럽게 자기주장을 하거나
상황 따라 환경 따라 적용하기 일쑤이다.
그렇게 환경 따라 상황 따라 변하는
본인의 감정이 정직함이라고 할 수 있을까?

거리두기

식물도 적당한 거리를 두고 심어야
잘 뿌리내리고 잘 살듯이
사람과 사람 사이도 마찬가지인 것 같다.
적당한 거리가 필요하지 않은 관계는 없다.
가족도,
사랑해서 죽고 못 살 것 같은 연인들도,
모든 일터의 현장 속에서도
적당한 거리를 유지해야 관계의 지속력이 생긴다.

할 일도 많은 세상에 굳이 복닥거리며
서로에게 상처를 주면서
그것이 끈끈한 정인 것처럼 과장해
힘들게 살아가야 할 이유가 없다.

적당한 거리두기,
마음의 온도 유지,
적절한 공기를 유지하며
질서 있게 살아가는 것도
내 마음을 잘 지키며 성장하게 하는
방법일 것이다.

미련한 사람

미련한 사람은?
함께할 때 소중함을 모른다.
마음이 저만치 달아나기 전에
배려해야 하는 것을 왜 모를까?
상처만 남기고 후회한들 무슨 소용이 있을까?
몸에 배어 있는 삶의 방식이
쉽사리 바뀌지 않는다.
늘 반복되는 패턴,
상대방의 그런 모습이 힘들게 느껴진다면
상대를 바라보는 관점과 시선을 돌리면 된다.
그 상황에 지배당하지 말고
내 마음을 지배하면 된다.
내가 머무는 자리가
나를 만들어 가는 자리이다.

뒤통수

그토록 바라봐 줬건만
그토록 참아 줬건만
그토록 기다렸건만
흔적만 남기고 떠나버렸네

감정의 찌꺼기

관계를 빚으로 남기는 것은
서운함, 복수, 원망 같은 감정을
보내주지 못했기 때문이다.
분노나 미움, 증오의 감정을 남기지 말아라.
그 감정으로 다른 관계까지도
편견을 만들 수 있다.
고통이 당장은 힘들더라도
지혜를 깨닫는 좋은 도구가 된다.
관계를 통해 배운 것은 선물처럼 남겨두라.

"분을 내어도 죄를 짓지 말며 해가 지도록
분을 품지 말고 마귀에게 틈을 주지 말라."
(에베소서 4:26-27)

자식

자식은 내가 만든 작품이 아니다.
자식은 하나님의 걸작품이다.
그래서 반품도 안 된다.
기다리고
그저 바라볼 때
가치가
더해진다.

고독 1

'아차' 하는 사이에
고독이와 친구를 해야 할 때가 왔다.
좀처럼 친해지지 않는 고독이.
고독이와 잘 지내기 위해서
인생을 플랜 B로 바꾸어야 할 타이밍이다.

나이가 들수록 고독이를 친구삼아
혼자 살아가는 법을 잘 배워야 한다.
관계는 붙잡는다고 좋아지는 것이 아니라,
서로의 거리를 존중하는 것이다.

고독 2

진정한 고독은
무리 속에서도 고독한 것이다.
진정한 리더는
군중 속에서의 고독함을 즐기는 것이다.
예수님의 삶도 그러했다.
수많은 무리 속에서 언제나 혼자이셨다.

노력과 집착

과거,
평가,
비교,
감정,
타인의 반응에 민감하지 말자.

나를 초라하거나 교만하게 만들 수도 있다.
매달리는 순간 행복이 아닌 불행이 오겠지.
할 수 없거든 깊게 숨 쉬고
놓아줄 수 있을 때 놓아주자.
감정이 태도가 되지 않게 하자.

미운 오리 새끼

늘 무리 속에서 느끼는 불편함.
그래서일까?
미운 오리 새끼라고 생각했다.
가진 재능이 많은 것이
불편하고 또 발휘를 못하는 삶이
늘 안타깝기만 하던 어느 날,
불편한 진실을 알게 되었다.
미운 오리 새끼는 백조였다는 것을…

하나님이 나를 나답게 만드신 것을
피조물인 내가 어찌할 수 있겠는가!

정직한 성장

성장은 정직함에서 이루어진다.
거짓으로 은폐하며 성장하고 싶은 것은
진정한 성장이 아니다.

정직한 성장은
"내가 이렇게도 부족하구나.
내가 이렇게도 추악하구나.
내가 이렇게도 욕심이 많았구나.
내가 이렇게도 내 중심적이었구나."
라는 생각을 하게 될 때 이루어진다.

겸손

많은 사람들은 착각을 하며 산다.
할 수 없는 것을 못한다고 말하는 사람은
겸손이 아니라 솔직한 사람이다.

할 수 있는 것을
다른 사람이 할 수 있도록
잠잠히 바라보는 마음
지켜보며 잘 할 수 있도록
도와주는 마음
나보다 남을 더 낮게 여기는 마음이
겸손이다.

영향력

'친구 따라 강남 간다'라는 말이 있다.
그만큼 만남이 중요하다는 말이다.

좋아하는 사람이 생기면
그 사람 안에 내가 있고 싶어지고,
그 사람을 닮고 싶어하고, 닮아간다.
그래서
사람은 누구를 만나느냐에 따라서
인생이 달라진다.
그것이 그 사람 안에 있는
영향력이다.

나는 선한 영향력을 가진 사람인가?

강점과 약점

어떠한 성격이든 강점이 있고 약점이 있다.
외부의 환경적인 요인에 따라서 강점과 약점이
달라진다. 다수일 때 강점인 사람도 있고
또 개인적일 때 강점인 사람도 있다.
외향적인 성격이 강점일 때도 있고
약점일 때도 있는 것처럼….

객관적으로 사람을 바라보면 포용할 수 있다.
세상에 나쁜 개는 없듯이 나쁜 성격도 없다.
나쁘게 쓰고 나쁘게 보는 사람만 있을 뿐이다.

얌전하면 얌전한 대로
나대면 나대는 대로
조용하면 조용한 대로
시끄러우면 시끄러운 대로
강하면 강한 대로
유하면 유한 대로
예민하면 예민한 대로
둔하면 둔한 대로
열정적이면 열정적인 대로
태평하면 태평한 대로
모두 쓸 만한 인생이고 충분한 가치가 있는 것을…

반전매력

『채근담』에는
심리를 이용하는 방법이 잘 나와 있다.
"은혜는 가볍게 시작하여 무겁게 나아가라.
먼저 무겁고 나중에 가벼우면
사람들은 은혜를 잊어버린다.
위엄은 엄격하게 시작하여 관대함으로 나아가라.
먼저 너그럽게 대하고 나중에 엄격하면
사람들은 혹독함을 원망한다."

강함과 부드러움, 위험과 관대함이라는
두 무기를 잘 활용한다면 관계를
내 쪽으로 끌어올 수 있을 것이다.

우리가 느끼는 가장 큰 매력 중 하나가
'이중적 매력' 즉, 반전 매력이다.
강하기만 한 줄 알았는데 여린 구석이 있거나
이기적인 사람인 줄 알았는데
누군가를 배려하는 모습을 보면 끌리게 된다.
강함과 부드러움을 갖춘 사람은 매력적이며,
자연스럽게 상대를 끌어당길 가능성이 매우 크다.

네 가지 겸손

네 가지 겸손이 있어야 행복할 수 있다고
어느 심리학자가 말했다.

- 관계적 겸손(다른 사람과 상호작용을 잘하는 것),
- 지적 겸손(나도 틀릴 수 있다는 것을 인식하는 것),
- 문화적 겸손(모든 사람마다 세상을 보는 관점이
  다르다는 걸 인식),
- 실존적 겸손(자연적·우주적·초월적·환경적인 겸손).

하나님이 만드신 대자연 앞에서
인간이 아무것도 할 수 없을 때
우리는 비로소 우리의 연약함을 보게 된다.

겸손함이란
모든 방면에서
내 생각만이 옳다고 여기지 않는 마음이다.
'그럴 수도 있지'라고 여겨주는 마음이 아닐까?

결핍

사람은 누구나 결핍을 가지고 살아간다.
결핍이 더 드러냐느냐, 드러나지 않느냐 하는
차이가 있을 뿐이다.
결핍은 관계 속에서 채울 수 있다.
친밀감이 형성된 좋은 관계는 서로의 결핍을
이해하며 서로의 모습이 보완될 수 있다.
그러나
충분한 친밀감이 형성되기도 전에
자신의 결핍을 상대에게 보이며
행동하면 오히려 관계가 더 악화되기도 한다.
관계 건축가가 되지 못하는 것은
살아오면서 생긴 상처로 인해
결핍에서 오는 어려움 때문이다.
내 속에 있는 결핍을
있는 그대로 드러내는 것보다
조금씩 조금씩 꺼내어
관계 속에서 깨닫고 치유될 때
결핍은 더 이상 결핍이 아니다.
결핍이 치유되고 회복되어 채움을 경험하면
나도 너도 우리 모두가
우월한 관계 건축가가 될 수 있을 것이다.

#관계　　79

꽃의 위력

언제부터인가 꽃과 식물이 좋아졌다.
나무는
그 누구에게나
안식을 주고 편안함과 쉼을 제공한다.
꽃은 사람처럼
다가가 말을 건네지는 못하지만
꽃이 있는 곳에는
사람이 다가가기 마련이다.
꽃의 향기 때문일까?
하나님이 창조하신 고운 색깔 때문일까?

꽃은 사람처럼
말로 위로를 건네지는 못해도
사람이 하는 말보다
더 품위 있고 따뜻한 위로를 건네고
마음을 열고 바라볼 수 있도록
포용력까지도 허락해 준다.
그래서 꽃을 보면 편안함과 행복을 느낀다.
나도 꽃과 같은 품위와 향기를 낼 수만 있다면….

무용지용

울창하고 커다란 가죽나무를 보며
장자와 혜자의 생각은 서로 달랐다.
혜자는 가죽나무가 옹이가 많아 쓸모가 없다며
'대의무용'이라고 했다.
'다른 나무에 비해 크지만 구부러지고 옹이가 많아
쓸모가 없다'는 뜻이다.
이에 장자는 '졸어대용'이라고 말하며
큰 것은 작은 것에 쓰기에 서투르다고 표현했다.
장자는 쓸데없는 나무도 다 쓸모가 있다고
생각했다.
곧고 큰 나무는 돈이 되기 때문에
뽑혀가기 일쑤다.
그런데,
잘생긴 나무가 그렇게 모두 뽑혀나가고 나면,
홍수가 나면 산을 지키는 것은
가지가 작고 못생긴 나무들이다.
쓸모없는 것의 기준이 '무용지물'이라고 쓰인다.
그러나
물건이나 사람이나 쓸모없는 것은 단 하나도 없다.
때론 쓸모없다고 생각했던 것이
도리어 크게 쓰일 수 있는 '무용지용'이 된다.

#관계

최고가 아니라 최선

식물은
인간에게 최상의
먹거리를 제공해준다.
산에 떡갈나무가 많은 것은
다람쥐의 역할이 크다고 한다.
다람쥐의 주 식량이 떡갈나무 열매이다.
다람쥐는 겨울을 나기 위해 욕심을 부려
열매를 두 볼 가득 터질 듯이 채워 넣고
숲속 여기저기 깊숙이 숨겨 놓는다고 한다.
그런데 문제는 여기저기 숨겨서 다 찾아 먹지
못한 덕에 싹이 돋아 무성한 숲을 이룬다고 한다.
세상에는 가끔 허술하고 기억하지 못해서
유익이 되는 것도 있다.
우리 삶에 최고가 되려는 욕심보다는
최선을 다해 살아갈 때
자연과 어우러져 공존하듯이
사람과의 관계도 마찬가지이다.

공존

인류는 다양한 삶을 살아가는 사람들이다.
그중 유목민들의 삶,
가축과 한평생 동고동락하는 삶,
가축과 함께 가족이 되기도 하고 또 생계의 수단이 되기도
하고 생명을 위해서 잡아먹기도 하는 공존의 삶.
그 어느 누가 잔인하다 할 수 있겠는가!
자연의 섭리 안에서 끝없이 받아들이며 맞이하며 살아가야
하는 운명을…
때로는 보호자가 되어주기도 하고 때로는 잔혹하리만큼
무거운 짐의 무게를 짊어지게 하고 또
때로는 양식을 위해서 희생이 되기도 하는
끝없는 공존의 삶.

그들에게는 단순하지만 지혜가 있다.
추우면 추운 대로 더우면 더운 대로 늘 짐을 싼다.
안주할 수 없는 삶이다.
언제 떠나야 할지를 알기에 또 짐을 챙긴다.
우리의 삶이 그렇지 아니하던가!
천년만년 살 것 같아도 이 세상에 다 두고
떠나야 할 시간이 온다.
정리가 필요하다.

그 시간이 아름답게 준비되어야 하지 않을까?

유목민에게는 조급함이 없다.
노련함만이 있을 뿐이다.
인생의 엔딩도
노련하게 마무리할 수 있다면
얼마나 멋진 삶일까?

#사랑

수국

수국의 꽃말은
거짓 없는 참된 마음
영원한 사랑의 보존이라고 한다.
몇 년 전부터 꽃이 피기를 기다렸는데
몇 년 만에 탐스런 수국이 만개했다.
집 안에서는 꽃을 피우기 어렵다고들 하던데
아파트 베란다에 웬일인지 분홍 수국도
보랏빛 수국도 올해는 솜씨를 뽐내고 있다.
때를 따라
물을 주었고
그저 바라봐 주고
예뻐해 준 대가로 꽃을 선물받았다.
자연을 보면 하나님이 하신 일과
그분의 솜씨가 그저 놀라울 뿐….

인내

한 송이의
국화꽃을 피우기 위해
천 번을
소쩍새가 울어야 한다.
그만큼
기다림과 인내가
이루어 내는
숭고하고
아름다운 향연일 것이다.
가슴 절절한 애틋함도
한 송이의 꽃을
피우기 위해 견뎌야 하는
가슴 벅찬 아픔일 것이다.

인연

사람이
꼭 부부의 인연이 되어 살아가야만
행복한 것은 아니다.
지나간 추억도,
잊혀진 시간도,
함께했던 나날들의 기억도,
인생의 가치를 크게 느끼게 해줄 때가 있다.

꼭 이 사람 아니면 안 될 것만 같은 생각마저도
살아보니 별 인생 없고
사랑했던 사람과 만나서 살았더라면
지금보다 더 행복했을까? 하는 생각을 해 본다.

하지만 살다 보니
좋은 것도,
고운 것도,
미운 것도,
싫은 것도
다 묻히는 게 인생이 아니던가!

이 시대

어디로 가야 하는가?
어떻게 변화되어야 하는가?
사랑은 넘쳐나는데, 사랑이 없어서
병들고 고갈되는 시대를 살아가고 있다.
진정한 사랑이 필요한 시대이다.

통通

마음과 마음이 통하는 사람과의 만남은
잠깐 소나기를 피할 수 있는
오두막 같은 쉼이 있다.
서로가 서로를 바라고 원하는데
다른 무엇이 필요할까?
더 바라는 것, 그것은 욕심 아닐까?

그리움

컴퓨터 앞에서 메일을 확인하고
또 확인해 본다.
반가운 손님을 기다리는
아낙네의 심정으로….
그리움, 설렘, 고마움…

그 무엇인가를 기다리는 일은 좋은 것이다.
때론 삶의 작은 활력이 되기도 한다.
무미건조한 삶 속,
희미한 추억으로 아롱져 있던 어린 시절 첫사랑을
우연히 마주할 때…

여름날의 소나기처럼
한바탕 퍼붓고 가는 비에
마음이 후련하게 씻겨 내려간다.
그 소나기에
울어야 할 농부도 슬퍼해야 할 노동자도 없다.
단지 소나기는 소나기일 뿐….

사랑과 증오

사랑하면
상대방의 허다한 허물이
이해되고, 눈감아진다.
그러나
사랑이 식으면
그 자리에는 미움과 증오가 남는다.
그 한 끗 차이가
사람의 마음을 행복하게도,
불행하게도 만든다.
사랑하면 할수록
좋은 도파민이 분비되어
삶에 활력을 준다.
그러나
사랑이 변한 자리에는
미움이 싹터서
영혼을 피폐하게 만드는 지름길이 열린다.

사랑의 힘

사랑의 힘은 위대하다.
사람을 바꿀 수 있을 만큼
위대한 것이 사랑임을,
그래서
하나님은 인간에게 종류별로
사랑의 마음을 주신 걸까?
용도에 맞게 필요한 곳에 적절하게 쓰라고
아가페, 스톨게, 에로스, 필레오를 주셨다.
사랑은 결코 지나치지 않는 힘을 주셨다.
넘치도록 사랑하고 아낌없이 베푸는
그런 지란지교를 꿈꿔본다.

사랑은 동사

사랑은 '툭' 하고 던지는 것이 아니다!
사랑은 명사가 아니다!
사랑은 동사이다!

사랑받을 자격이 없는데
베풀어주심의 사랑을 아는 것….
주님의 보혈이 능력이고
효과 있는 부르심이라는 걸 아는 것….

영혼 사랑

한 영혼을 향한 하나님의 위로였다.
나보다 더 깊은 위로가 필요한 사람.
하나님은 그 마음을 아시고 보시며 나를 택하셨다.

왜일까?
당신이 택한 사랑하는 자녀가 아프기 때문이다.
"위로하라"
"너보다 그 사람이 더 위로가 필요하다"

주님은 사람을 통해 사람을 치유하게 하신다.
'죽는 것보다 낫지 않겠니?'
주님이 내 귀에 속삭이신 것 같았다.
그 아픔을 보듬어 주라는 주님의 사인이었다.

아픔을 참고 있는 그 영혼을 외면하지 말고,
좋은 에너지를 주고 위로자가 되라고
주님은 내게 부탁하셨다.

찐사랑

우리가 사는 이 세상은
구시대에 노예 200명을 데리고 사는 삶과
같다고 한다.
그런데
왜 행복하지 않을까?
사랑이 고갈되었기 때문이다.
온 세상을 꽃밭처럼 가꿀 수 있는 것은
사랑이라고 했다.
가짜 사랑은 혀끝에 있고
진짜 사랑은 손끝에 있다고 한다.
사랑하면 그만큼 행동하게 되기 때문이다.

사랑하면 천 개의 눈이 생긴다고 한다.
그만큼 구석구석 보이는 것이 많기 때문이다.
귀한 것이 보이고
가치 있는 것이 보이고
도울 것이 보이고
의미 있는 것이 보이고
위로할 것이 보이고
보이고
또 보이고…

서로서로

내 인생의 최고의 선물이자 축복은 당신.
당신의 인생에 최고의 선물이자 축복은 나.

우리가 사는 세상은
나 없이 너 없고 너 없이 나 없다.

"서로 돌아보아 사랑과 선행을 격려하며"
(히브리서 10:24)

사랑할 수 있다는 것

아프지만 행복한 것.
내 모든 것을 내어주어도 아깝지 않은 것.
되돌아올 것을 기대하지 않는 것.
나로 인해 삶이 좀 더 행복해지면
그것으로 만족하는 것.

#인생

꿈Vison

꿈을 꾸는 인생은 행복하다.
꿈을 꾸면 꿈같은 일이 생긴다.
꿈이 없는 민족과 백성은 망한다고 했다.
꿈의 가치도 세월의 흐름에 따라 퇴색되어 간다.
요즘은
너무나 허무맹랑한 꿈을 꾸며 살아가는
사람들이 많다.
누구를 위한 꿈인지
꿈을 꾸되 꿈의 노예가 되어 좌절하지 않기를…

명품 인생

하고자 하는 자는 방법을 찾고
피하고자 하는 자는 핑계를 찾는다.

당신은 어떤 사람인가?

내가 가진 시간황금으로
지금 영원을 위해 투자하는 것이
명품 인생이다.

별

scar와 star는 c와 t의 차이다.
Ccurse, 저주를 Tthanks, 감사로
만드는 순간 별star이 된다.

우리는 자라 오면서 많은 상처들로
뒤범벅되어 살아간다.
그 상처를 벗어나지 못하고
상처 속에서 갇혀 산다면
불행할 수밖에 없다.
힘들지만 상처를 딛고,
상처를 감사로 받아들이면
그곳에는 감사의 꽃이 핀다.
감사로 제사를 드린 자의 삶에는 감사가 넘친다.

감사가 많아질 때
우리의 인생은 불행에서 행복의 불씨가
만들어진다.
그 행복의 불씨로 많은 사람을 어루만지며
또 다른 사람에게 행복을 비추며 살아갈 수 있다.

별과 같이 빛나는 인생을 꿈꾸고 싶지 않은가!

무용지물

무용지물은 없다.
장자가 전해주는 '쓸모없는 인생은 없다'라는
뜻이다.
하로동선여름 하로, 겨울 부채,
얼핏 보기에는 쓸모없지만
제철을 만나면 유익한 물건들이 된다는 뜻이다.
여름날 소나기로
흠뻑 젖은 옷을 난로의 온기로 말릴 수 있다.
겨울의 부채는 어떠한가?
걸리적거리만 할 물건같이 보이지만
불을 붙이는 데 유용하게 쓰이는 물건이 된다.

#인생　103

고스톱

인생은 고스톱GO, STOP을 잘해야 한다.
출애굽 시 광야를 행진하는
이스라엘 백성의 삶이 그러하였듯이
나아가라고 할 때 가고GO
멈추라고 할 때 멈춤STOP으로
하나님의 인도와 보호를 받았다.

멈출 줄을 모르는 시대…
멈춤은 정지가 아니라 새로운 삶에 대한 충전이다.
쉴 때 쉬지 않으면
정작 뛰어야 할 때 멈추게 된다.
멈출 줄 아는 것도 용기가 필요하다.
삶에 경고등이 켜지면 즉시 STOP!

유한한 삶

째깍째깍 시계 초침에 맞춰
하나 또 하나 잊혀져 가는
나의 작고 소중한 추억들…
모든 것이 조금씩 조금씩 아주 조금씩
사라져 가고 있다.

이 순간도,
시간은 끊임없이 우리의 삶이 유한한 삶인 것을,
유한한 존재인 것을 가르쳐 주고 있다.
지금 이 시간도 째깍째깍…

유한한 삶을 사는 나는
오늘 어떻게 살아야 할지 고민해 본다.

　'Mementomori Carpediem'
　(메멘토모리 카르페디엠)

영원히 살 것처럼 꿈꾸고
내일 떠날 것처럼 행복하자고.

근사함

겉사람은 근사하게 속사람은 더 근사하게 살고 싶다.
사람들은 각자의 스타일에 맞추어 멋을 낸다.
멋을 부리지 않는 사람은 아마 없을 것이다.
단지 센스sense가 없을 뿐이다.

그런데 겉모습이 근사하다고
속사람도 근사할 수 있을까 생각해본다.
겉사람에 근사한 옷을 걸쳤다면
속사람은 어떤 옷을 입어야 근사할까?
우리는 속사람의 옷을 근사하게 입힐 수가 없다.
하나님의 자녀로 거룩해지고
그분의 자녀다운 성품의 옷을 입어야 속사람이
근사해질 수 있다.
그 빛이 내면에서 외면으로 빛을 발할 때
겉사람의 옷도 비로소 더 근사해진다.

시기, 질투, 다툼, 욕심, 원망, 화냄, 분노의 옷은 근사함과
어울리지 않는다.
나는 어떤 옷을 입고 있는가?
어울리지 않는 속사람의 옷을 입고
근사한 사람이 되기를 바라고 있지는 않은지….

꽃길

어느 날,
언제나 예뻤던 것처럼,
언제나 거기에 있었던 것처럼
꽃 한 송이에도
인생이 있다.
모진 바람,
크고 작은 벌레의 공격,
사람들의 무심한 발길질,
과도한 땡볕과 폭풍과 폭우.

인생도 마찬가지다.
수많은 시간과 사건 속에서도
오늘의 해는 뜨고 지며 여물어 간다.
양면성의 인생을 수용하고
아름다움을 뿜어낼 수 있다면,
그 길이 바로 꽃길이다.

어떤 인생?

어떤 인생을 살고 있는가?
이기고 지는 인생이 있고,
지고 이기는 인생이 있다고 한다.
분명 졌는데도 평안하다면 이긴 것이다.
나는 어떤 인생을 살 것인가?

인생 조언

"사막을 건너는 것은 용맹한 사자가 아니라
못생긴 낙타란다."
아버지와 아들이 사막을 여행하다가,
아버지가 아들에게 해준 말이다.

사막을 건너기 힘들어하는 아들에게
아버지는 이렇게 말했다.
"아들아, 저기 무덤이 보이는구나.
조금만 기다려라. 사람들이 살 것이다."
사막같이 힘들고 거친 삶을
헤쳐 나가야 하는 아들에게
아버지가 해준 인생 조언이다.

비움과 채움

인생은 비움과 채움의 시간들이다.
비움과 채움을 적절히 조절하면
더할 나위 없이
아름다운 인생이 된다.

　　인생 1막: 배움의 시간
　　인생 2막: 채움의 시간
　　인생 3막: 나눔의 시간
　　인생 4막: 비움의 시간

눈을 뚫고 피는 꽃을 보았는가?

무소유

알렉산더 대왕은 말했다.
"내가 죽어 이 땅에 묻힐 때는
내 빈손을 관 밖으로 꺼내 사람들이
볼 수 있도록 하시오."
천하를 손에 쥔 자도 죽을 때는
빈손이라는 것을
알려주고 싶은 마음이었을 것이다.

네 단계 인생

인생은 네 단계가 있다고 한다.
성장기, 열정기, 권태기, 성숙기.
그 시기를 겪을 때마다
영원할 것이라고
착각하며 산다고 한다.
그러나
어김없이 지나가고 마는 것이 인생이다.
그리고
누구나 성숙기의 또 다른 이름,
완숙기가 온다.
권태기를 지나
성숙기로 접어 들어가고 있는 나이….

성숙기로 향하는 나의 모습은?

숙면과 영면

우리는 매일매일 죽는 연습을 하며 산다.
깊은 숙면을 하고
아침을 맞이하면 잠에서 깬 것이고,
깨어나지 못하면
죽음을 맞이하는 것이다.

또 주어진 하루가 그저 감사할 뿐…
아무것도 할 수 없는 인생들에게
베풀어 주신 하나님의 자비이다.

인생의 서정

사람은 어린아이로 태어나서 누워 있다가
이내 앉고 걸어 다닌다.
그리고 나이 들어 가면서
걸었다가 앉았다가 누워 있다가
영영 못 일어나고 본래의 모습으로 되돌아간다.
흙으로 만들어졌으니
흙으로 돌아가는 인생이다.

"여호와 하나님이 땅의 흙으로 사람을 지으시고 생기를 그
코에 불어 넣으시니 사람이 생령이 되니라"(창2:7)

엄마의 장례식

엄마!
이제는 부를 수 없는 이름 앞에 엉엉 소리내어 울었다.
다시는 되돌아올 수 없는 길로 가버린 사랑하는 나의 어머니.
그토록 단아하고 겸손하고 덕이 있으셨던 나의 어머니.

무던하게 참아냈고 견뎌내어야 했던 고달픈
인생길…
일제 강점기를 거쳐, 6.25를 지나고 보릿고개를 넘었던, 가
난했던 어머니는 젊은 나이에 혼자서 가냘픈 몸으로 8남매
를 키우셨다.

어머니가 마지막 순간까지도 자식들에게 남기고 싶으셨던
그 한마디.
'밥 먹어라', '밥 먹고 가라'
먹여 살리는 것이 전부였던 어머니는 밥 먹으라고 다 커버
린 자식들에게 그렇게 당부하시며 험악한 세월을 사시다
가, 95세 일기로 세상을 떠나가셨다.
이미 고인이 되어버린 차가운 엄마의 시신 앞에 가슴이 시
리도록 울고 울었다.

#인생   115

죽어 있는 관계와 살아 있는 관계

모든 관계는 두 종류라고 한다.
더 이상 만나지 않는 죽은 관계와
계속 만나는 살아 있는 관계이다.
언제든지 볼 수 있다고 생각하면서
죽은 것과 다름없는 관계를 유지하며 살아가기도 한다.

만나지 않으면 죽은 관계나 다름이 없다.
함께했던 추억도 기억 속에 희미하게 사라진다.
인생이라는 긴 소풍을 행복으로 채우려면
주변에 둘러싼 관계를 돌아보며
서로에게 살아 있는 관계가 되어야 한다.

언뜻 우리의 하루하루는 반복되는 것 같으나
어느 날도 같은 하루는 없다.
만나지 않아서 죽은 관계로 잊혀져 가는 사람에게
느닷없이 연락을 해보는 것은 어떨지.
잊혀져야 편한 사람도 있지만
애써 힘들게 잊으려고 하지 말아라.
빗물이 흘러 흘러 강물이 되어 희석되듯이
시간이 흘러 흘러 그리움이라는
추억으로 희석될 그날이 온다.

새로운 길

삶이 막막할 때마다 자연과 벗한다.
자연은 답을 주지는 않는다.
그러나 조용하게 대화하기 원한다.
걷고 또 걷다 보면,
낯선 시간 속에서 새로운 길을 찾는다.
처음 가 보는 숲속 길
작은 용기 하나.
하루를 살아가는 삶의 디딤돌을 옮겨본다.

속도보다 방향

"인생은 속도가 아니라 방향이다."라고
괴테는 말했다.
속도가 아무리 빨라도 방향이 틀리면
결국 다시 되돌아와야 한다.
우리의 삶은 어떠한가?
속도를 위한 경주하듯 달리지 말고
방향을 정해서 완주해 보면 어떨까?

늦었다고?
그럴 리가.

정답正答과 해답解答

'이것이 정답이야'라고 말할 수 있지만
그 방법이 반드시
인생의 해답은 되어주지 못한다.
정답을 알지만
정답을 찾아가는 여정은 힘들고
해답을 몰라 방황할 때가 더 많다.

하나님은
우리 삶에 최고의
답안지는 정해주셨다.

그 답은?
예수 그리스도.

"내가 곧 길이요 진리요 생명이니"
(요한복음 14:6)

#갱년기

갱년기 메노포스, Menopause 1

누구나 한번쯤 지나가야 하는 인생의 늪, 갱년기다.
대부분의 사람들은 익숙하고 편안하게 인생의
종착역을 향해 착륙을 준비한다.

그러나
새로운 일을 꿈꾼다면,
착륙이 아닌 비상하는 날갯짓을 해야 한다.
날개를 수리할 때다.

다시 이륙을 시도하고
꿈을 향해 도전하고 싶다면
익숙함보다는 불편함을 감수해야 한다.
그리고
한 번의 용기보다는
여러 번의 용기를 거듭 내야 할 것이다.

그래야
새로운 비상을 꿈꿀 수 있을 것이다.

갱년기 메노포스, Menopause 2

분노가 조절되지 않는 마음.
"갱년기야?" 남편이 묻는다.
그렇지, 갱년기지….
감정이 하루아침에 오르락내리락 한다고
이해할 수 없다는 어이없는 질문이었다.
별일 아닌 것에도 과하게 화가 나고,
또 그 화가 걷잡을 수 없이 폭발한다.
세상이 당장 끝날 것처럼 파괴하고 싶은
절망의 마음 끝으로 치닫기도 한다.

왜 이렇게 분노가 생기는 걸까?
살면서 쌓였던 감정의 덩어리들의 폭발 때문이다.
관계 속에서 신뢰를 저버린 사건들로 인해
마음속에 감정의 덩어리가 쌓여 작은 일에도
과하게 흥분이 되는 상태가
'갱년기 증후군'인 것 같다.

분노가 조절되지 않고,
금세 민감해져서 스스로 과하다고 느끼면서도
그렇게 하지 않으면 또다시 마음의 화로 인해
감정의 소용돌이 속으로 휘말리고 만다.

감정의 싹이 자라나기 전에
싹을 잘라 내는 것이 더 중요하다.

분노를 쏟아내고 나면 합당하든 아니든
상대에게 미안한 마음이 든다.
좀 더 공감의 언어를 쓸 수도 있었는데
관계 건축가가 되지 못하고
막말 대잔치로 만들어 버려서….

서로가 배려와 공감으로 위로해 주고
존중해 주었던 부부들은 비교적
갱년기를 쉽게 넘긴다.
그러나
젊을 때 남편에게 상처를 많이 받은 아내일수록
갱년기를 혹독하게 치른다.

갱년기는 위기가 될 수도,
새로운 도약이 될 수도 있다.
잘 극복하고 상처를 보듬고
화해와 용서로 이해하며 살아가다 보면
동반자 이상으로 값진 황금기를 살 수 있겠지….

#갱년기   123

갱년기메노포스, Menopause 3

내 마음은
오늘도 냉탕과 온탕을 오간다.
무엇이 문제일까?
말로 스트레스를 받고
말로 상처를 쉽게 받는
내 성격이 문제일까?
상대방은 쉼 없이 자신의 이야기를 하는데
나는 왜 그리 그 문제를 대면할 때,
불편하다 못해 불쾌한 감정이 들까?

내 상한 감정이 치유 받지 못해 '욱' 하고
올라오는 반응일까?
내가 본질적으로 문제가 많은 사람일까?
쌓이고 쌓인 피폐해진 마음 때문일까?
삶의 여유가 없어서일까?
내려놓지 못해서일까?
나도 나의 마음을 잘 모르겠다.
다 단절하고 싶은…
쉼이 있는 시간,
여유를 가지고 싶은 간절한 마음뿐…
주여! 오늘도 저의 연약함을 도와주소서.

갱년기메노포스, Menopause 4

남편의 일상은 평범하지도 평탄하지도 않았다.
나를 힘들게 하는 외적인 요인의 1순위는
언제나 남편이었다.

우연히 극동방송에서 흘러나오는 어떤 청년의
큐티 간증을 듣다가 내 모습을 마주했다.
그 청년은 힘든 가정 환경 속에서 열심히
살아보려고 노력했고, 병든 형을 돌보면서 열심히
생활전선에 뛰어들어 힘겹게 살아 왔다고 한다.
그런데 이런 현실이 지긋지긋해 삶을 포기하고
싶은 순간도 있었다고 했다.

말씀을 들으며 깨닫게 된 사실은
환경 때문이 아니라 자신 안에 늘 존재해 왔던
우울증이 문제였다는 것이었다.
그래서 말씀 안에서 자신의 모습을 직면하고
정신과에 가서 의사의 도움을 받아 보겠다는
적용을 했다.

내 마음에도 가끔 찾아오는 침체,
우울감도 내 내면에 깊이 뿌리박고 있었던

마음이 아니었을까?

내 심령 싶은 곳에 자리잡고 있는 감정을
늘 건드려 요동치게 하는 것은
내 편이 아닌 남의 편 '남편'이었다.

언제까지 나는 남편의 영향력 아래
하나님이 주신 참된 자유를 누리지 못하고
살아가야 할까?

마음을 바꾸면 된다.
침체와 우울에서 시선을 돌리는 것이다.
그래야 서로가 행복해진다.

여름비

장마철이다.
빗줄기가 처마 끝에 커튼이 되어주어
우리 안은 세상 빗소리와 더불어 아늑하기만 하다.
저마다 비를 맞으며 아우성친다.
답답함이 해소된다고,
갈증으로 목말라하던 차에
흡족한 해갈의 은혜를 부어 주신다고,
나무도 꽃도 좋아 싱글벙글이다.
간혹,
떨어져 나간 꽃잎도
물 위에 흘러 흘러 예술이 되어가는 순간이다.
때를 따라 비를 내려주시는 도움의 손길.
식물도 동물도 사람도 필요를 채워 주시려고
비를 주시는 하나님.
비를 피해 처마 끝에 앉아 따뜻한 커피를
마시고 있는 나는 작은 행복에 취해 있지만
또 다른 세상에 이 비를 맞고 힘겹게 살아가는
사람들이 생각났다.
내리는 비를 온몸으로 맞고 있을 남편을 생각하니
비를 피해 감상에 젖은 자신이
조금은 사치스럽기도 하고, 미안한 마음도 앞선다.

#갱년기　127

위로가 되는 사람

함께 있는 이유만으로도 위로가 되고
마음이 힘들어 괴로운 날이면 함께 아파하고
내가 망가지고 싶은 날이면 같이 망가져주고
찢기고 상처 난 마음을 보듬고 싸매어 줄 수 있고
함께 살아가는 이유만으로도 큰 위로가 되고
너무 힘든 날이면 기대고 싶은
버팀목 같은 사람.
살다 보니 많이 배웠다고
돈이 많다고 좋은 사람이 아니라
가진 것 없어도
마음이 따뜻하고
사랑할 줄 아는 사람
그런 사람이 좋더라.

러빙유

러빙유는 하이패밀리에서 주최하는
치유와 회복의 세미나이다.
친구가 러빙유가 필요할 것 같아서 추천했고,
낯선 환경에 적응이 어려운 친구라서
함께 동행했다.
이미 러빙유를 경험했기에 기도로 동역하는
마음으로 참여했다.
진행이 되어가면서 '울지 않아도 되겠지!'라고
생각했던 내 마음이 무색하게 나도 모르게
말씀 속에 눈물이 흐를 것 같아 꾹꾹 참아 보았다. 하지만
수면시간에 조용히 잠드는 그 순간, 하나님은 나의 깊은 내
면을 만지고 계셨다.
왜 그렇게 나의 의지와 상관없이 눈물이 흐르는지,
피해자들의 고통이 아닌 가해자로서의 고통이었다.

내가 늘 피해 보고 살아왔고 모든 것이
남편 탓이었던 생각조차도 구차해서
'내려놓음'이라는 단어로 내 마음을
유지시키고 있었다.
그러나
남편의 자존감을 죽이고

남편으로 살지 못하도록
앞서서 다 해버리고
못한다고 했던 잔소리는
남편을 무너뜨리는 소리였다.

우리는 둘 다 미성숙했기에,
피해자로 살았다고 주장하는
피해자 코스프레를 하고 있었던
자신을 발견하게 되었다.
어지간해서 바뀔 것 같지 않은 현실을
살아가야 하지만 또다시 마음먹어본다.
'사람을 살리는 사역자'로 살아갈 것을…

#말

말 1

말 한마디에 죽고 산다.
'말 한마디로 천 냥 빚을 갚는다'는 옛말이 있다.
말 한마디에 인생이 달라진다.
말 한마디에 일어서고, 주저앉는다.
말은 부메랑이 되어 다시 되돌아온다.

말의 위력을 가진 사람이 되고 싶은가?
긍정의 말을 마구 하라!
손톱만 한 칭찬으로도
큰 나무처럼
사람을 크게 만들 수 있다.

"너희 말이 내 귀에 들린 대로 내가 너희에게 행하리니"
(민수기 14:28)

말 2

말을 많이 하면 약해보인다.
진짜 강한 것은 싸우지 않는 것이다.
악한 사람은 대항하지 말고,
멀리하는 것이 최선이다.

말투 하나,
말버릇 하나가
그 사람의 격을 만든다.
말투는
나를 끌어당기는 자석이다.
말은 내 인생을 끌고 간다.

격을 세우는 말을 하고 있는가?

말 3

긍정의 말투
배려의 말투
예언의 말투로
삶의 태도를 바꿔 보라.

오늘의 꿀꿀한 삶을 바꿔 줄 주문,
"좋아!"
"괜찮아!"
"다 잘될 거야!"라고 외쳐 보라.

안목

타인의 말과 가면에 속지만 않아도
삶은 훨씬 수월해진다.
사람을 보는 안목을 키우려면
눈에 보이는 것만으로 상대를 판단해서는 안 된다.
본성에서 나오는 모습을 극한 상황에서
검증해야 한다.
남이 하는 말을 유심히 관찰하고,
극한의 상황에서 검증을 거치면,
비로소 사람을 보는 안목이 생길 것이다.
말은 사람의 심리를 정확하게 드러낸다.
말을 잘 관찰하면
함께해야 할 사람과
그렇지 않은 사람을 구분할 수 있다.

공자는 말을 잘하는 능력을 경계한 이유가,
그것이 믿음을 혼란케 할까 두려웠기 때문이라고 했다.
사람의 말에 현혹되지 말고,
하나님 말씀 앞에 자신을 세워가야 한다.

오늘 나는 누구의 말에
마음이 흔들리고 힘들어하는가?

#말   135

상황일지

나는 누구를 만났을 때
어떤 단어를 들었을 때
특징적으로 반응하는지를
살펴보아라.
내 안에서 발생되는 감정들을
통제할 수 있는가 없는가에 대한
굉장한 문이 될 것이다.
말-대상-상황에 대해 상황일지를 써보라.
상대방이 하는 말에 통제당하지 않을 것이다.

위로의 한마디

사역자의 부르심은 마음이 가볍고
언제나 즐거운 일이 아니다.
누군가를 돌보는 일은 대가가
지불되어야 하기 때문이다.
몸으로 마음으로 지불되기 때문에
지치기 마련이다.

그러나
지치고 힘든 영혼을 위로하고 회복하는 일은
아주 중요한 일이다.

우울한 영혼에게 다가가
위로의 한마디를 건네 보자.

"오늘 하루 버텨 보자!
내가 너와 함께할게…."

#신앙

습관

'세 살 버릇 여든 간다'라는 옛말이 있다.
어릴 때 몸에 밴 습관은 늙어 죽을 때까지
고치기 힘들다는 뜻이다.
어릴 때부터 몸에 나쁜 습관이 들지 않도록
잘 가르쳐야 좋은 어른으로 자란다.
그런 의미에서 신앙 교육은
올바른 인격 형성을 돕는 것은 물론,
아이의 인생과 운명도 바꿀 힘이 있다.

작은 세상

교회의 영아부는
영적인 인큐베이터 같은 곳이다.
새내기들이 결혼하여 아이를 기르는 과정에서
좌충우돌 하며 진정한 어른으로
잉태되는 과정이다.
아이도 자라고 부모도 자라는 곳이다.
아이가 조금씩 성장해서 부모 도움 없이
스스로 예배 드릴 수 있을 때
비로소 부모도 독립되어
하나님의 꿀송이 같은 만나를 맛보는
순간을 맞는다.

인큐베이터는
미숙아들이 안전하게 성장할 수 있는
가장 안락한 공간이다.
미숙아가 인큐베이터 안에서 자라지 못한다면
건강한 성장은 보장할 수 없다.

신앙이 미숙한 부모도 마찬가지이다.
젖먹이 아이들을 떼어놓은들 마음 편히
어른 예배에 집중하지 못한다.

이 시대는 아이들이 귀하고,
그래서 내 자식이 더 소중한 세상이 되었다.
그 세월 속에서
우리는 어떻게 아이들을 바르게 성장시킬지
방향을 찾아야 한다.
아이들과 함께하는 예배 속에도
성령의 임재가 있다.
성령의 임재하심이 존재한다.
어른도 아이들의 신앙을 보면서 배운다.
그 배움 속에 아이도 부모도 자라 간다.
그리고 어떻게 키워 가야 할지를 알아간다,
이것이 우리가 살아가는 작은 세상인 것이다.

성공

'미소와 웃음은
시간이나 돈이 들지 않으면서도
사업을 번창시킨다'라고 말했던 존 워너 메이커는
백화점의 왕이었다.
그는 '소비자는 왕이다'라는 신념으로
현금 판매 · 정가 판매 · 환불 보장을 생각할 수도
없었던 1880년에 이런 생각을 해냈다.
그가 성공할 수 있었던 이유는
지혜의 근본인 하나님의 말씀을 묵상하고
실천한 덕이다.

"네가 자기 일에 능숙한 사람을 보았느냐 이러한 사람은 왕
앞에 설 것이요 천한 자 앞에 서지 아니하리라."
- 잠언 22:29 -

영성

말로는
무익한 종이라고 떠들고 있지만,
진정한 종이 되지 못해
스물스물 올라오는 저마다의 모남 때문에
상처를 주고받는다.

존귀하신 예수님!
영원한 우리 왕!
위대한 그분만을 높이기 위해서는
작은 것에도 민감해야 한다.
잊혀져 가는 현대인의 영성…
거룩의 회복은
작은 몸부림에서부터 시작된다.
우리가 놓치기 쉽고 소홀하기 쉬운
성도의 거룩함을 회복하려면
무엇부터 시작해야 할까?

광야

절망의 땅,
아무것도 보이지 않는
무의미한 일상 속에서
하나님은 홀연히 모세를 찾아 오셨다.
하나님은 모세를
위대한 민족의 지도자로 세우시려고
아무것도 없는 광야에서
훈련시키셨다.

사는 이유

삶의 이유
오직
예수 그리스도!
무슨 말이 더 필요할까?

절박함

수로보니게 여인의 간절함,
삶의 절박함이 하나님의 구원 역사를 이루어 가는
하나님의 능력이었다.

간절해야 기도한다.
절박해야 하나님을 붙잡는다.
끝까지 놓지 않고 예수님께 매달린 그 여인은
개만치도 못한 자신까지 내려놓음이 있었기에
예수님도 그 여인의 믿음을 인정하셨다.

"여자여, 네 믿음이 크도다. 네 소원대로 되리라."
(마15:28)

내려놓음…
어디까지 내려놓아야 할까?
내가 할 수 없는 영역까지 내려놓을 때,
비로소 채우시는 하나님의 능력과
하나님의 선하심을 맛보아 알 수 있다.

성령의 사람

성냥개비가 그냥 있으면
아무런 역할도 못하지만
불을 붙이는 순간
어떤 일이 일어날지 모른다.
그냥 그렇게 보잘것없는 하찮은
인생이라고 생각하는 것은 옳지 않다.

우리 마음에도
성령의 불을 붙이기만 하면
성령의 사람이 된다.
성령의 불이 붙는 순간
성령의 도구가 되어
하나님이 어떻게 사용하실지 상상해 보라!

공평하신 하나님

나는 잘났다.
나는 말을 잘한다.
나는 재능이 많다.
나는 많이 배웠다.
나는 원래 나답게 사는 것을 좋아했다.
그래서 나는 다른 사람의 시선을
그다지 신경쓰지 않았다.

그러나
나는 늙었다.
나는 가난한 가정에서 태어났다.
나는 여전히 경제적으로 여유롭지 않다.
나는 배운 것을 다 사용하지 못한다.
나는 마음이 늘 공허한 사람이다.
나는 사람에게 사랑받는 법을 잘 모른다.
나는 사람들의 작은 몸짓과 표정에
민감하게 되었다.

그래서 공평하신 하나님.

책임 전가의 또 다른 이름 '합리화'

사람들은 끊임없이 자기의 잘못을 인정하지 못해
별별 구실과 핑계로 자기를 합리한다.
스스로의 잘못을 인정하지 못하고
자신에게는 아무런 문제도 삼지 않으려는
완악함이 문제이다.

다윗은 어떠했던가!
다윗이 밧세바를 범했을 때 나단이
다윗의 죄를 고할 때
다윗은 하나님 앞에서도 선지자 나단 앞에서도
자신의 죄를 자백했다.

　"다윗이 나단에게 이르되
　내가 여호와께 죄를 범하였노라 하매..."
　(사무엘하 12:13)

다윗의 고백은 자신이 저지른 죄의 무게를
스스로 감당하려는 결심이다.
'내 잘못이다'라는 그 한마디 말에 하나님은
다윗의 죄를 용서하셨다.
내 탓을 네 탓에서 벗어 버리면, 마음의 불편함은
저만치 멀어지고 비로소 마음에 평화가 깃들 것이다.

#신앙　149

비판과 헤아림

극동방송에서 들려오는 소리이다.
비판과 헤아림의 공통점은
언제나 자신에게 돌아온다는 것이다.
밤과 낮이 한 세트이듯,
서로의 다름을 헤아림으로
꽃을 피울 수만 있다면
인생은 지금보다 훨씬 아름다워질 것이다.
서로의 헤아림으로 꽃이 피어나기를 갈망해 보라.
나는 어떤 헤아림의 꽃을 피울 것인가!

"너희의 비판하는 그 비판으로 너희가 비판을 받을 것이요,
너희의 헤아리는 그 헤아림으로 너희가 헤아림을 받을
것이니라."
(마태복음 7:2)

밧세바 신드롬 1

'밧세바 신드롬'Bathsheba-syndrome이라는
심리학 용어가 있다.
이름 첫 마디에 목욕을 의미하는 'bath'에서
짐작할 수 있듯이, '고위 공무원, 고위 공직자의
도덕 결핍증'을 뜻한다.
"내가 왕인데, 내가 대통령인데,
내가 지도자인데," 하는 잘못된
특권의식이 빚은 잘못된 결과를 의미하는 말이다.

하나님께서 다윗을 이스라엘의 왕으로 세우셨고,
"내 마음에 합한 자"라고 평가하셨다.
그런 다윗이 우리야의 아내 밧세바와 간통을 했다.
그 결과 밧세바는 임신했고,
그 사실을 숨기기 위해서, 다윗은 밧세바의 남편 우리야를
전쟁에서 죽게 모함을 꾸미고, 밧세바를
자신의 아내로 삼았다.
모든 것이 감쪽같이 처리되었고,
그대로 그 사건은 묻히는 듯했다.
나단 선지자가 책망하기 전까지 다윗은
아무런 양심의 가책조차 없었다.
이 부분이 문제다.

#신앙　　151

'나는 왕이기에 그 정도는 괜찮지'라고
생각했기 때문이다.

왜 성공한 리더들은 자주 윤리적인 문제에
넘어지는가?
"나는 괜찮다"는 특권의식과
"나는 이 모든 상황을 언제든지 통제할 수 있다"는 착각이
성공한 인생을 파멸시킨다는 것이다.

밧세바 신드롬 2

세상과 하나님 사이에
한 발씩 걸치고 있으면서도
"나는 하나님이 늘 지켜 보호하시니까
이 정도는 괜찮겠지…."
"나는 언제든지 마음만 먹으면 다시 신앙생활을
잘할 수 있지" 하고 착각하게 만든다.
그 결과 우리는 쉽게 넘어질 수 있다.
우리는 특권의식보다
거룩한 하나님의 백성임을 기억해야 한다.
그래서 우리에게 주신 사람들을 더욱 사랑하며
존중해야 한다.
내가 무엇에 의미를 두고 보느냐가 곧
내 영적인 상태이다.

달란트

달란트를 많이 주신 것은
하나님의 위로가 아닐까 싶다.
예로부터 '팔방미인이 굶어 죽는다'는 말이 있다.
그 이유는 재능이 많아 한 가지 일에 꾸준함이
없기 때문일 것이다.
할 수 있는 것이 많으니 하고 싶은 일도 많다.
요즘은 다재다능함이 유익이 되기도 하지만,
오히려 한 가지 일에만 집중하며
잘해낼 수 있는 사람이 더 부럽다.
한 길로 꾸준히 걷다 보면
귀하고 가치 있는 일을
이루어낼 수 있기 때문이다.

달란트는 전적으로 하나님이 주신 선물이다.
많은 달란트를 갖고도 활용하지 않고 게으르다면
주인이 올 때 큰 책망을 받을 것이다.
그러나 적은 달란트라도
"이 길이 생명의 길, 이 길이 영광의 길"이라 믿고
오직 한 길,
예수 그리스도의 푯대를 향해 달려간다면
주인이 오실 때 더 귀하게 여겨 주실 것이다.

기독교의 영성

기독교인에게 영성이 없는 것은
총알이 없는 군인과 같다.
총알이 없는 군인은
진정한 군인이라고 할 수 없다.
기드온의 300명의 용사들을 뽑을 때 어떠했는가?
하나님은 그들이 물 마시는 모습을 보고
선별하셨다.
그렇다면 우리의 영성을 채워주는
예배는 어떠한가?

하나님을 사랑한다고 하면서 한 손엔 성경을,
한 손엔 사랑을 들고 와야 할 성도들의 손에
들려 있는 것은 무엇일까?
한 손엔 커피요, 한 손엔 사탕…
이 커피와 사탕이
오늘 나의 피곤한 육신을 깨우리로다.

우리의 영혼을 깨우는 것은
하나님 말씀 앞에선 우리의 마음가짐이다.
하나님은 말씀 앞에 두렵고 떨리는 마음으로
순종하며 살아가는 사람들을 사용하신다.

#신앙　155

기독교와 다른 종교의 차이

기독교와 다른 종교의 차이가 뭘까?
세상 종교의 신들은 인간이 찾아가
애원하고 구걸한다.
그러나
그리스도인들이 믿고 예배하는 하나님은
세상 신들과 다르게
먼저
우리를 찾아오시며,
우리를 떠나지 않으시고
함께하시고
도와주시며
은혜와 사랑을 베풀어 주신다.

무엇을 믿고 의지할 것인가?

우상숭배

우리의 필요가 절대적인 것이 될 때
하나님 나라가 채워지는 것이 아니라
세상의 것들로 가득 채워진다.

"나에게 필요한 것이 절대적이 될 때
우상숭배가 시작된다"
-팀 켈러-

예배와 기도의 목적

하나님을 예배하는 삶은
죄악된 인간이 죄를 떠나
하나님의 임재를 두려워하며
예배드리는 삶이다.

기도의 목적은
하나님의 뜻을 바꾸려고
애쓰는 것이 아니라
나의 뜻을 그분의 뜻에 바꾸려고
몸부림치는 것이다.
바꿀 수 없는 것을 견딜 힘과
바꿀 수 있는 지혜와 용기를 구하는 것이다.

믿음

믿음은
우연 같은 사건 속에서
필연을 보는 관점이다.
그래서
믿음은 사건을 해석하는 힘이 된다.
그 힘이 분노로부터,
상처로부터,
과거로부터,
죄로부터,
나를 자유롭게 한다.

　"믿음은 바라는 것들의 실상이요,
　보이지 않는 것들의 증거니"
　(히브리서 11:1)

다리가 있는 것을 보고 건너는 것은
믿음이 아니다.
진짜 믿음은 다리가 아직 건설되지 않았지만,
그 다리가 세워질 것을 믿는 것이다.

보이는 현상을 가지고, 믿음이 있다고 생각하는가?

#신앙

하나님의 가치

하나님의 가치로 채워진 사람은
상황을 고려하지 않는다.
어떠한 불편함 속에서도
감사함으로 묵묵히 맡겨진 삶을 헤쳐나간다.
전기가 들어오지 않는 오지에서도
촛불 몇 개로 어둠을 밝히고
수도가 없어서 물을 길어 생활해야 하는
척박한 환경 속에서도
아무렇지도 않은 듯 살아낼 수 있는 힘이 있다.
불편함이 더 이상 불편함으로 느껴지지 않는 것
그것이 하나님의 가치를 아는 삶이다.

내 안에 하나님의 가치는 어느 정도일까?

정사못 釘 죽을 死

십자가에서 예수님의 절규가 일어난 날이다.
로마 군인들에게 손가락질 받으며
"네가 유대인의 왕이면 너부터 구원해 봐"라는
조롱을 들으셨다.
그러나
예수님은 그 능력을 사용하지 않으셨다.
그분은
인간의 죄를 위해서 모든 것을 참으시고
모든 고통과 외면을 견디셨다.
인간의 몸을 완전히 쓰시고
마침내 하나님께 돌아가시기 위해
십자가에서 그 고통을 끝내셔야만 했다.
얼마나 힘드셨을까?
아버지로부터 외면당한 처절한 부르짖음이
들려오는 듯하다.

부활절

부활의 아침이다.
어둠의 침묵을 깨치고 새날 아침이 밝았다.
빈 무덤.
누웠던 흔적.
세마포…
그분은 영원히 우리와 함께하시려고 살아나셨다!
승리하셨다!
저주와 속박과 어둠의 터널을 뚫고 다시 사셨다!
영광의 날!
승리의 날!
찬송 받아야 할 이날!
"다시 오마" 약속하셨다.
"마라나타"
아멘 주 예수여 어서 오시옵소서.

크리스마스

메리 크리스마스
아기 예수님 이 땅에 오신 날이다.
빛으로, 생명으로, 사랑으로
그리고 임마누엘 하나님으로 오셨다.
빛으로 오셨으니 더 이상 어둠이 존재할 수 없다.
생명으로 오셨으니 죽어 마땅할 죄인들이
새 생명을 얻었다.
사랑으로 오셨으니 허다한 죄와 허물을 덮고
그 사랑을 나누고 실천하며 살아야 한다.
그리고 영원히 함께해 주시겠다고 약속하신
그분께 경배와 찬양과 영광을 돌려 드린다.
다사다난했던 한 해를 살아 내느라
정말 수고 많았다.
아픔과 슬픔과 고통과 기쁨과 감사와
행복한 순간들이 2024년이라는 시간의
뒤안길에 서서 '안녕'이라고 인사하고 있다.
함께했던 이 모든 시간들이 정말 행복했다.
잘 보내주고 선물로 새롭게 주신 25년을
잘 맞이하여 새로운 피조물로서 힘차게
시작해보기로 했다.
Happy new year!!

#신앙   163

#에피소드

엘리베이터 안

오랜만에 비가 내린다.
가뭄 끝에 내리는 비라서인지
모두들 달갑게 맞이하고 있다.

엘리베이터 안에서 주민 아저씨를 만났다.
손에 막걸리와 맥주를 한 봉다리 들고서
"비가 와서 좋아요" 하며 빙그레 웃으셨다.
"아저씨 기분 좋아 한잔하시려고요?" 하고
말을 건넸다.
아저씨는 나를 보고 웃으시며
'술은 나보다 우리 마누라가 더 좋아한다니까.'

소탈한 웃음으로 가득 찬 엘리베이터 안은,
잠시나마 서로 소통하는 작은 세상이 되었다.

충돌

양평에 다녀오는 길에 작은 차 사고가 났다.
갑자기 뒤에서 '쿵' 하고 소리가 나서 차 문을
열고 나가서 확인해 보았다.

먼저 큰 사고가 아니라서 감사했다.
상대방의 잘못으로 100% 피해자가 된 것은 처음이었다.
그 순간 도로에 꽉 막혀 있는 차들이 보여 난감했다.
'어떡하지, 빨리 가야 하는데…'
어떻게 대처해야 할지를 몰라 자리에 잠시 앉아 있었다. 상
대편 차주가 와서 '괜찮으세요?' 물었다. 라디오 주파수를
맞추려다가 발이 미끄러져서
살짝 부딪혔다고 솔직하게 말해주었다.
인상도 선해보였다.
그래서였을까?
내 마음도 그다지 화가 나지 않았다.
조금 놀랐을 뿐….
놀랐다고 하자 연거푸 죄송하다고
몇 번이나 절을 했다.
차에 내려서 차 상태를 살펴보았다.
워낙에도 오래된 차였고 여기저기 긁힌 흔적들이 많은
터라 조금 부딪힌 흔적으로 마음이 쓰일 정도는 아니었다.

그래서 나는 "괜찮아요, 그냥
가셔도 돼요"라고 했다. 상대방 차주는 너무
미안해 하면서 전화번호를 주면서 고마움의
선물을 보내주고 싶다고 했다.

얼마쯤 달렸을까? 모르는 번호로 부재중 전화가 와 있었
다. 상대방 차주였다. 전화를 걸어서 '정말 괜찮으니 편히
가시라고' 했다. 마음 한구석에는 설마 '선물을 보낼까?'라
는 의심이 들기도 했다. 저녁에 집에 도착해서 카톡을 확인
하니 한우세트가 모바일로 와 있었다.
정말로 보냈네….

"전화번호를 안 남기면 뺑소니로 신고 들어가니까 전화번
호를 받았을 거야"라고 말했던 지인들도 있었고 또 어떤
대가를 지불하게 될 것을 미리 계산해 선물로 퉁 치는 양심
을 과장한 선물일 수도 있다고 했다.
그 사람의 속마음까지는 정확히 알 수는 없지만 더 큰 사고
가 나지 않아서 하나님께 감사드렸고 내가 당한 사고라서
더 감사했을 뿐이다.
오고 가는 정이 점점 사라지는 삭막한 시대를
살아가는 이 시대의 현실이 슬프기도 감사하기도 한 날이었다.

#에피소드　167

닮았네

군대 간 둘째 아들이 휴가를 나왔다.
따뜻한 밥 한 끼 먹여 보내려고
아침부터 분주했다.
된장찌개 보글보글…
콩나물볶음,
오이무침,
초장에 갑오징어,
상추에 삼겹.

차려놓은 밥상을 억지로 꾸역꾸역 먹는 아들은
밥맛이 없어 보인다.
"너 밥맛이 없니?"라고 물으니
1초의 망설임도 없이 "네" 대답한다.
남편은 "솔직한 건 당신 닮았네" 한다.
그냥 사 먹여 보낼 걸 그랬나 보다.

베프

친구 같은 딸이 있어서 좋다.
어릴 적부터 나의 괴로움을 함께해준
어린 딸에게 미안하기도,
고맙기도, 애잔한 마음이 들기도 한다.

남편과의 갈등이 있을 때마다
어린 딸을 등교시키면서 속상한 마음을
많이 쏟아놓았다.
그런 딸이라서 그런지
어릴 때부터 가르쳐 온 존댓말을 쓰지 않는다.
"오빠들은 엄마에게 존댓말을 쓰는데
너는 왜 존댓말을 안 쓰니?" 물으면
딸이 하는 말,
"엄마가 어릴 때부터 우리는 베프라고 했잖아."
할 말이 없었다.

딸과 나는 세상에서 둘도 없는,
가장 친밀한 베프베스트 프렌드가
아닐까 하는 생각이 든다.

#에피소드

피해의식

딸이 말했다.
"엄마, 나는 노인을 좋아하지 않아."
"왜?" 하고 묻자
"노인분들은 특유의 냄새가 나. 그래서 불쾌해."
라고 말해서 버럭 화를 냈다.
"너는 엄마가 늙어도 싫어하겠다."
딸은 "엄마한테 그런 것도 아닌데
피해의식 아니야?"

곰곰히 생각해보니 그런 것도 같다.
미리 앞서서 판단하고
나에게 한 말도 아닌데
미리 지레짐작하는 면이 없지 않다.

딸은 노인이 될수록
남에게 피해를 주지 않고
잘 씻고 관리해야 한다는 말을
하고 싶었을 텐데 말이다.

주시는 것과 주시지 않는 것

하나님은 주시는 것과 주시지 않는 것이 있다.
오래전 인생의 진로가 갑자기 바뀌어서
힘들었던 적이 있었다.
"하나님, 왜요? 저에게 왜요??
이렇게 감당하기 힘든 일을
왜요?? 왜요??"
수없이 던지고 또 던졌던 질문이었다.

답을 찾지 못했던 어느 날,
욥기를 통해 깨닫게 되었다.
타조 이야기였다.
하나님은 타조에게 날개를 주셨지만 날지 못하고,
알을 낳을 수 있으나 품을 수 있는 지혜는
주지 않으셨다.
지혜와 총명은 부족하지만,
몸을 떨쳐 뛰어갈 때는 말을 탄 사람이라도
우습게 여길 만큼 힘이 있다(욥 39:13-18).

하나님 앞에 "왜?"라는 질문은 옳지 않았다.
하나님이 타조를 미련하게 창조하셨지만,
결국 어미가 돌보지 않는 타조알을

#에피소드   171

사막의 모래에 숨겨서 돌보시는
하나님의 손길이 있었다.
연약한 피조물까지도 돌보시는 하나님.
약육강식의 세계에서 종을 보존하시려는
하나님의 섭리를 우리가 다 헤아리기 어렵다.
가던 길을 멈추게 하시고
진로를 바꿔 놓으신 것은 분명
하나님의 사랑이었다.
나를 가장 사랑하시고,
아직 살아야 할 이유가 있었기에…
진로를 바꾸지 않으셨더라면,
아마도 이 세상 사람이 아니었겠지.
그렇게 생각하니,
하나님의 사랑에 대해 한 번도 느껴보지 못했던 세밀한
고마움이 전해져 견딜 수 없이
눈물만 하염없이 흘린 새벽녘이었다.

강함은 가졌지만 어리석은 타조의 모습이
나의 모습이 아니었을까?
상처는 하나님이 주신 것이 아니었다.
타인에게 받은 상처로 하나님까지

마음의 벽을 쌓고 있었던 나 자신이
한없이 부끄러웠다.

열정

내 안에 있는 열정을 회복하고 싶다.
꺼져가는 불씨를 다시 타오르게 하고 싶다.
무엇으로?
어떻게?
익숙함에, 편안함에, 안락함에 취해서
따뜻한 물에서 죽어가는 개구리가 되어가고
있지는 않은지.
며칠 전부터 마음이 불편한 소리를 들었다.
'나이가 들어서'라는 말을
필요 이상으로 많이 들었다.
물론 내 이야기는 아니었다.
그러나
편안한 마음이 아니었다.
며칠 뒤에 사라지는 가벼운 마음도 아니었다.
내 맘이 불편할 정도로 내 맘을 장악해 버렸다.
나를 깨우치려고 스스로 느끼는 감정일까?
너무나 무지하고 안전지대에 정착되어
아무런 변화조차 시도하지 않으려는
나의 마음에 돌멩이를 던져 파문을
일으키고 있었다.
이제는 '열정'을 향해 다시 도약할 때이다.

내 나이 오십이 훌쩍 넘은 나이….

　예수님이 말씀하셨다.
　"할 수 있거든이 무슨 말이냐?
　믿는 자에게는 능치 못함이 없느니라"(막9:23)

'만일 주님이 무엇을 할 수 있다면이 아닌,
만일 주님을 믿을 수 있다면'
주님은 하실 수 있고Can 또 하실 것이다Will
주님을 확신하고 의지한다면
그리스도께서 가능한 모든 것을
가능하게 하실 것이다.
믿음은
하나님의 능력 안에서 바로서고
하나님의 위엄으로 덧입혀진다.
믿음,
자신은 성령의 그 영광스러운 능력으로
허리띠를 매면서 하나님의 전능 안에서
행동하고 도전하고 고난을 견딜 힘이 된다.
믿는 자에게는 그 무엇도 능치 못함이 없느니라.

#에피소드　　175